Nunca Te Rindas

AF578517

Cómo vencí el miedo al fracaso y cómo tú puedes hacer lo mismo

Daniel Lanford

Nunca Te Rindas

Cómo vencí el miedo al fracaso y cómo tú puedes hacer lo mismo

Daniel Lanford

Copyright © 2022 por Empoword Publishing Worldwide
Nunca te Rindas: Cómo vencí el miedo al fracaso y cómo tú puedes hacer lo mismo
por Daniel Lanford

Impreso en los Estados Unidos de América. Todos los derechos reservados únicamente por el autor. El autor garantiza que todos los contenidos son originales y no infringen los derechos legales de ninguna otra persona u obra. El autor garantiza además que cualquier contenido que no sea original se cita legítima y verazmente según el mejor conocimiento del autor. Ninguna parte de este libro puede ser reproducida en ninguna forma sin el permiso de Empoword Publishing Worldwide y el autor. Las opiniones expresadas en este libro no son necesariamente las del editor.

Empoword Publishing Worldwide
17127 Wax Rd Bldg A
Greenwell Springs, LA 70739
www.EmpowordPublishing.com
(225) 317-0593

Traducción: Educating Our People (EOP)
educatingourpeople@gmail.com 915-240-0227

El escaneo, carga y distribución de este libro o cualquier parte del mismo a través de Internet o cualquier otro medio sin el permiso del editor o autor es ilegal y penado por la ley. Compre solo ediciones autorizadas y no participe ni fomente la piratería electrónica de materiales con derechos de autor. El propósito de este libro es educar, motivar e informar al lector. El autor y el editor no tendrán ninguna responsabilidad de nadie con respecto a cualquier pérdida o daño causado, directa o indirectamente, por la información contenida en este libro. Todas las referencias de las Escrituras provienen de la Nueva Versión Internacional de la Santa Biblia a menos que se indique lo contrario.

ISBN: 979-8-842-87177-3

Dedicación:

Este libro está dedicado a Dios Todopoderoso. Me gustaría agradecer al Señor Jesucristo, quien llevó todo mi pecado y sufrimiento en Su cuerpo en la cruz. ¡Mi mismo aliento se lo debo a Él! ¡Todo mi éxito fue ganado para Él! Mi dolor y confusión fueron quitados el día en que Él resucitó de entre los muertos, derrotando a la muerte, al infierno y a la tumba. Ahora este cuerpo roto se ha convertido en una noble vasija, para la exhibición de Su gloria.

Qué afortunado soy de haber encontrado una esperanza real y duradera en la persona de Jesucristo. Durante años de mi vida, he luchado para completar tareas. No fue hasta que me solté y le entregué mi vida y mis planes al Señor Jesucristo que encontré paz y plenitud real y duradera. Muchas veces, consideré rendirme y tirar la toalla. En mis puntos más bajos, Dios en Su misericordia me animó, me llevó a través de esos tiempos difíciles, y me permitió mejorar y tener éxito. ¡Sólo a Él sea toda gloria, honor y alabanza! También me gustaría dedicar este libro a mis padres, mis hermanos y hermanas, y a todos aquellos que me apoyaron en mi viaje universitario.

Tabla de Contenidos

Introducción

¡Desplome! ¡Crecimiento! ¡Éxito! ¡Fracaso! ¡Afortunado! ¡Infortunado!

Mis primeros años comenzaron con un desplome. Honestamente, no recuerdo mucho sobre mis años de juventud, porque a la edad de cuatro años tuve un episodio epiléptico llamado Grand Mal. Muchas más convulsiones, episodios, medicamentos, neurólogos y hospitalizaciones siguieron. El aprender se volvió difícil, ya que la retención se vio afectada durante esos años problemáticos. Fui bendecido porque mamá era mi maestra. Aunque su paciencia fue puesta a prueba, persevero en enseñarme a leer, escribir y en aritmética, ella sentó una buena base para mi futuro.

Mis años intermedios vieron un crecimiento. Tuve la gran bendición de crecer en una gran familia de diez. Mis padres me dieron un amor por el aprendizaje que todavía está ardiendo fuerte hoy en día. Esta llama fue encendida a través de buenos planes de estudio, recorriendo campos de batalla y visitando museos históricos. Nos leyeron innumerables libros históricos, y vimos documentales y discos compactos.

Mis puntos fuertes e intereses incluían temas como la historia, la ortografía (mi punto más fuerte), la geografía y la biología básica. Batalle mucho con las matemáticas y las complejidades de la ciencia.

Ya sea que se tratara de plantar el jardín, cuidar animales, remodelar la casa o cuidar al bebé, el mundo entero era nuestro salón de clases. Nunca hubo un momento aburrido en nuestra casa. Si estabas inactivo, papá o mamá encontrarían algo que ponerte a hacer.

Todos nuestros estudios se centraron en la Palabra de Dios. La historia era "su historia". Más adelante logre completar una licenciatura en Historia. Es "Su Historia" porque yo no pude hacerlo, ¡pero Dios lo hizo a través de mí!

Aunque tenía poco potencial, la educación proveída por mis padres me hizo luchar por el éxito. Mi papá me enseñó habilidades prácticas y nos leía biografías por las noches. Mamá nos animó a trabajar, jugar, estudiar y orar siempre dándole la gloria a Dios. Aunque lejos de ser perfectos, mis padres nos hicieron saber que éramos amados y aceptados. La Palabra de Dios era el enfoque central en nuestro hogar, y todo el aprendizaje procedía de ella. Nos enseñaron cómo aplicarlo a nuestras vidas. La mayor parte de lo que aprendimos fue a través de experiencias de vida: trabajar al aire libre, hacer experimentos científicos, visitar a otros, la ministración, e ir de excursión. Debido a mi sólida base, pude superar algunos grandes desafíos y obtener mi GED y luego un título universitario.

Los últimos cuatro años de mi vida estuvieron plagados de muchos fracasos y eso es lo que inspiró el tema de este libro. No me atuve a un horario establecido para mis estudios ni a una meta para cuándo debería terminar los libros. Y en el mejor de los casos, tuve éxito en completar algunas asignaturas mientras descuidaba otras. Luché en la universidad, reprobé doce exámenes y tomé siete cursos sustitutos. El propósito principal de lo que ahora leen es alentar a aquellos que están luchando en cualquier situación que la vida les haya dado, a nunca darse por vencidos; ¡Sigue trabajando en esas tareas, circunstancias o relaciones difíciles, para enfrentar tus desafíos, continuar mirando hacia arriba y a nunca, nunca, nunca renunciar!

Qué afortunado soy de haber encontrado una esperanza real y duradera en la persona de Jesucristo. Durante años de mi vida, he luchado para completar tareas. No fue hasta que lo dejé ir y entregué mi vida y mis planes al Señor Jesucristo que encontré paz y plenitud reales y duraderas. En mis puntos más bajos, Dios en Su misericordia me animó, me llevó a través de esos tiempos difíciles y me permitió mejorar y tener éxito.

Capítulo 1

Mis Primeros Años

(Nota: Este capítulo está escrito desde la perspectiva de mi madre, ya que yo no puedo recordarlo).

"Daniel está teniendo convulsiones. Llama al 911". Papá exclamo ansiosamente desde la habitación del niño.

"¡Oh no!" Mamá respondió. El miedo se apoderó de su corazón mientras buscaba el teléfono para marcar. Cuando el despachador preguntó qué estaba mal, mamá respondió: "Mi hijo está teniendo convulsiones".

Una serie de preguntas fueron hechas y respondidas. "Tiene cuatro años", pensó mamá. Las sirenas de la ambulancia se oían en su camino a nuestra puerta y los paramédicos llegaron corriendo a través de la casa con su equipo médico. Allí yacía el cuerpo inconsciente del hijo de mamá y papá, convulsionándose. Su respiración se detenía y comenzaba de nuevo. Su cabeza golpeaba de un lado a otro. Su lengua babeaba. Desesperados, los padres oraron apasionadamente: "¡Dios, danos de vuelta a nuestro hijo! ¡Sánalo! ¡Dios no lo dejes morir!"

Los paramédicos pudieron detener las convulsiones. Y como si no hubiera pasado nada, Daniel comenzó a respirar y dormir plácidamente. No tuvieron que llevarlo al hospital. Con alivio, papá y mamá gritaron: "Gracias, Señor. ¡Nos devolviste a nuestro hijo!

Este primer episodio fue seguido por otros. Estas convulsiones eran poco frecuentes y eventualmente cesarían. Una tarde, mientras enseñaba a sus hijos en casa, mamá le hizo una pregunta a Daniel, pero él solo miró en una dirección. Aunque ella intentó que hablara, no hubo respuesta. Luego, ella lo hiso tomar una siesta. Cuando lo miró más tarde, se sorprendió al encontrar la pequeña forma de su hijo, nuevamente convulsionándose. Su cabeza golpeaba de un lado a otro y babeaba inconscientemente.

Marcó el 911. Un vecino, que escuchó las sirenas, vino a cuidar a los otros niños mientras mamá acompañaba a Daniel a un hospital cercano. Todo un equipo de médicos, enfermeras y personal médico llenó la sala de emergencias. Le dieron Valium, que detuvo la respiración, pero no pudo detener las convulsiones. Una querida amiga, una enfermera jubilada, le pidió a mamá que orara porque no podían detener las convulsiones y el espíritu de la muerte estaba presionando fuertemente.

Fue un estrés desgarrador para mamá; sabiendo que allí yacía su dulce hijo al borde de la muerte y que ni siquiera podía sostenerlo en sus brazos. Después de una hora, papá llegó y oró el Salmo 91. Las convulsiones cesaron, pero Daniel fue llevado en ambulancia a otro hospital donde pudieron tratarlo. Tenía tubos en la nariz y la boca porque todavía no respiraba por sí mismo.

Esa noche, mamá se preocupaba haciendo preguntas "¿Sobrevivirá? ¿Tendrá daño cerebral?" Dios le habló en un sueño. "No hay una nube en el cielo entre tú y yo, y he escuchado tus oraciones". Luego soñó que estaba de vuelta en casa, trabajando en el jardín, cuando Daniel se acercó corriendo hacia ella y le dijo "Mami". Respiró hondo y el aire llenó sus fosas nasales, sus mejillas y labios tenían color y ella sabía que estaba bien.

Cuando despertó, se tranquilizó al ver que todo estaba bien. Ella fue a la cama de Daniel para encontrarlo viendo Plaza Sésamo. No tenía tubos en las fosas nasales ni en la boca y estaba bebiendo un batido. Respiraba bien y sus mejillas estaban rosadas. Él la miró y dijo: "Mami, P-E-R-R-O deletrea perro".

Al día siguiente, fue dado de alta del hospital. Ninguna palabra podría describir la alegría de papá y mamá cuando pudieron salir del hospital con su hijo. Temían que nunca se irían de allí con él vivo. Pero ahora, pudieron salir de allí con él y ¡fue un milagro increíble y asombroso! "¡Dios ha cumplido mis esperanzas y sueños!" Mamá lloró mientras le decía a papá: "¡Dios nos ha devuelto a nuestro hijo!"

Daniel se quedó con los medicamentos recetados por su neurólogo. Sin embargo, todavía tendría una tormenta eléctrica disparando en su cerebro durante los próximos seis años, y esto hizo que el aprendizaje y la retención fueran muy desafiantes. Estos años siguen siendo un borrón en la memoria de Daniel. Tratar de enseñarle, en esos días era frustrante. A través de él, Dios le estaba enseñando paciencia a mamá: "No es su culpa", le dijo Dios. ¡Todavía tienes a tu hijo! ¡Su vida es mucho más preciosa que toda la información que estás tratando de meter en su cerebro!"

Una noche, en un servicio de la iglesia, uno de los pastores profetizó: "Hay algunos padres aquí que están preocupados por su hijo que tiene problemas físicos que perjudican su aprendizaje. No te preocupes. Será brillante. Los niños ignorantes se volverán brillantes". Los padres de Daniel creyeron sólo en la palabra de Dios y sucedió como ellos creían. Cuando mamá llevó a Daniel al altar para orar, ¡fue sanado milagrosamente!

¡Alabo a Dios por el cada aliento que respiro y la canción que canto! Todos mis logros, se los debo solo a Él. Como puedes ver, toda mi vida ha estado marcada por la gracia de Dios. De principio a fin, mis tiempos están en Sus manos.

Después de que Dios me sanó milagrosamente, tomé la decisión de entregarle mi vida. Le pedí a mi papá que me ayudara a entender lo que estaba haciendo. Después de ayudar a mi hermano mayor a venir a Cristo, me tomó bajo su ala. Fui al frente después del llamado al altar en la iglesia y papá me bautizó esa misma noche. Estaba lejos de ser perfecto y perdí horas en actividades sin valor y ociosidad. Carecía de un verdadero propósito y enfoque en mi vida. Pero más tarde volví a comprometer mi vida con Jesús a la edad de 12 años y me esforcé por seguirlo y obedecerlo.

Algo hermoso

Algo hermoso, algo bueno,
Toda mi confusión, Él entendió,
Todo lo que tenía para ofrecerle era quebrantamiento y lucha, Pero él hizo algo hermoso de mi vida.

Something Beautiful; Original Artist: Gloria Gaither; Original Album: Something Beautiful, Something Good; Released: 1986 Label: Grason-B023 Cover Artist: The Bill Gaither Trio; Cover Label: The Bill Gaither Trio.

Capítulo 2

Mis Años Intermedios

La estatura y el carácter de un hombre maduro de fe se construyen sobre el fundamento de los hombros sobre los que se apoyan. Solo estoy de pie sobre los hombros de aquellos que han sentado una base segura para mí. Aunque a veces andaban a tientas, mis padres me pasaron la pelota con éxito. Su formación y estímulo facilitaron mi aprendizaje y mi creatividad. Las innumerables horas de entrenamiento de papá y mamá me han llevado a la medida del hombre que soy hoy.

Tuve la bendición de crecer en una familia grande y amorosa de diez. Mis padres eligieron educarnos en casa para inculcarnos el amor por Jesús, la familia, los demás y por el aprendizaje. Una cosa que fue tan única acerca de nuestra educación fue lo verdaderamente completa que fue. Nuestra educación no fue solo una sentencia de prisión aleatoria de memoria de seis horas al día. Al contrario, fue un programa amplio e integral para prepararnos para nuestras vidas futuras. Nos enseñaron cómo administrar el dinero, ser trabajadores diligentes, hacer reparaciones, mantener un jardín, cuidar animales, cocinar, limpiar, coser, tocar instrumentos, cantar y ministrar. Mamá y papá nos equiparon con muchas habilidades prácticas y nos dieron una increíble cantidad de sabios consejos para nuestras vidas, incluyendo encontrar un cónyuge piadoso, cultivar un matrimonio saludable e incluso como criar hijos.

Sin embargo, para mí la vida estaba lejos de ser perfecta. Incluso desde una edad temprana, mi hermano menor, Stephen, fue un gran triunfador. Tuvo éxito en todas las materias y aprobó todas las pruebas la primera vez. Mi hermano mayor era capaz e inteligente. Todos mis hermanos parecían comprender los temas más rápido que yo. Me sentía socialmente incómodo y fuera de lugar en muchas reuniones sociales. Me costaba tener un buen equilibrio, practicar deportes y hacer ejercicio. Muchas veces, la gente perdió los estribos conmigo, incluido mi primer jefe, un vecino para quien hice trabajos de jardinería. A menudo me gritaba y sus palabras y conducta eran muy dañinas para mi joven corazón. Tenía una baja imagen de mí mismo, un problema con el que todavía lucho a veces, pero por la gracia de Dios, he crecido mucho.

Mi baja autoestima me hizo esconderme de la gente. Odiaba cuando teníamos reuniones en nuestra casa. Me ponía las manos sobre la cara. Sentí que tenía que complacer a la gente para ser amado. Todavía tengo que protegerme contra esa tendencia.

A veces, nuestro vecino de al lado, Nicholas, (que tenía la misma edad que yo), jugaba un juego con uno o ambos de mis hermanos contra mí. Su equipo siempre ganaba, y él decía: "Ganamos, ganamos. Disparamos la pistola de balines. Perdiste, perdiste. Te comiste nuestro polvo".

Mi perspectiva de la vida cambió cuando mi madre me hizo leer y meditar en las escrituras como en el Salmo 139, dice: "Porque tú creaste lo más íntimo de mi ser; me tejiste en el vientre de mi madre. Te alabo porque estoy hecho con temor y maravilla; tus obras son maravillosas, lo sé muy bien" (vs. 13-14). Aprendí a gloriarme en mis debilidades, porque "cuando soy débil, entonces fuerte soy". (2 Corintios 2:10).

Una oruga pasa por una metamorfosis para convertirse en una mariposa. En cierta etapa, fortalece sus alas y lucha para salir de su capullo. La lucha por emerger de su capullo le da a sus alas la fuerza que necesitarán para elevarse como la gloriosa mariposa que Dios creó para que fuera. Así como la oruga pasa por estas etapas para convertirse en una mariposa, los desafíos que enfrenté me hicieron emerger de mi caparazón a la estatura completa del hombre que Dios me creó para ser.

Todo esto también me enseñó a humillarme y a depender del Señor. Cuando tenía doce años, comencé a pasar más tiempo con Dios. Aprendí a orar más y confesar mis pecados. Al hacerlo, desarrollé una relación cercana e íntima con Jesús.

Mi madre hizo un diagrama que mostraba el quitarse del viejo hombre y ponerse el nuevo hombre para ayudarme a desarrollar buenas cualidades de carácter y eliminar las malas. Cuando tuve éxito en suficientes de las categorías, ella me consiguió una patineta. La monté por toda nuestra banqueta y me divertí mucho con esa cosa.

Algunas de mis experiencias de aprendizaje más emocionantes al crecer vinieron a través de excursiones. Una de las aventuras más memorables fue cuando visitamos la lechería Kleinpeter en el norte de Baton Rouge. Pudimos ver dónde guardaban todas las vacas lecheras y escuchamos con gran detalle cómo los propietarios las cuidaban. Aprendimos sobre la producción, el etiquetado y la distribución de leche y cómo se distribuye a las escuelas públicas de toda nuestra área para los desayunos.

Otras excursiones mejoraron nuestro conocimiento de la historia, la política y la ciencia. Aprendimos cómo los legisladores en nuestro estado debaten y aprueban legislación a través del Día Legislativo de la Educación en el Hogar. Visitamos el museo de la NASA en Mississippi. Recorrimos el zoológico de Baton Rouge, el zoológico de Nueva Orleans, el acuario, el Museo de la Creación, el Insectario y el Museo de la Segunda Guerra

Mundial. Como estaba interesado en la historia, el Museo de la Segunda Guerra Mundial fue el más interesante para mí. Mi familia viajó a sitios históricos como Port Hudson, Luisiana, Fredericksburg, Williamsburg, Appomattox y Washington D.C.

Aunque disfrutamos de todas estas excursiones, la mayor parte de nuestros conocimientos se adquirieron en casa. En nuestro patio trasero, plantamos jardines, mantuvimos colmenas de abejas y cosechamos la miel, cultivamos árboles frutales, talamos troncos y mucho más. Papá nos enseñó biología, y realizamos experimentos científicos y miramos diapositivas a través de microscopios. Exploramos el cielo nocturno a través de un telescopio y visitamos un planetario.

Me preparé para la universidad a través de un programa llamado colegio en una caja. Aprendí a leer y comprender el material rápidamente, recordar información pertinente y escribir ensayos efectivos. Utilicé algo de lo que había aprendido en ese curso para el futuro trabajo universitario.

Stephen, Joshua y yo comenzamos a aprender oficios en nuestra adolescencia. La soldadura fue el primer oficio que aprendimos. Nuestro maestro, el Sr. Warren, era un veterano de Vietnam sensato y con la actitud de completar el trabajo a como dé lugar. Explicó los conceptos durante semanas antes de que finalmente fuéramos al taller para comenzar a soldar. Nos dio un póster de dibujos animados con una imagen de un hombre agotado en medio de la nada más que los restos carbonizados de un taller de soldadura, con incendios que todavía arden a su alrededor. Su instructor de soldadura, cuya ropa estaba quemada hasta los pantalones cortos, apuntaba con su dedo quemado a su pupila gritando: "Cuando te enciendes, ¡no se te escapa nada eh Jonesy!" ¡A veces, me sentía como Jonesy en esa caricatura!

En 2014, Stephen, Joshua y yo comenzamos a ir a una clase de construcción de molinos (Millwright) en Baker, Luisiana. La mayor parte de lo que aprendimos fue de libros de texto, enseñanza y pruebas escritas. Sin embargo, tuvimos algunas experiencias prácticas. Afortunadamente para nosotros, esta habilidad era mucho más versátil que la soldadura, y contenía trabajos relacionados con muchos trabajos de construcción diferentes. Según Wikipedia, *"Un técnico (Millwright) es un artesano de alta precisión o un comerciante calificado que instala, desmantela, mantiene, repara, vuelve a ensamblar y mueve maquinaria en fábricas, centrales eléctricas y sitios de construcción".*

Nuestro instructor, el Sr. Fleet, nos dijo que incluso si nunca nos convertíamos en técnicos, las habilidades que aprendimos nos ayudarían con casi cualquier trabajo que elijamos. Era divertido y servicial, y le encantaba contar historias de sus experiencias laborales y cómo ayudaba a los demás. Sin embargo, tenía poca tolerancia para aquellos que no seguían la política del aula. Mis hermanos y yo perseveramos y fuimos contados entre los pocos que completaron la clase y aprobaron todas las pruebas.

En el mismo año en que terminé la clase de técnico (Millwright), fui con mi padre y mi hermana, Nicole, en mi primer viaje misionero al extranjero: a Guatemala. Anteriormente, había viajado con mi padre al norte de

Missouri para ayudar a una familia misionera a construir una bodega para almacenar verduras. Ministraron en otra parte del mundo, tanto en persona como en línea a través de una estación de televisión cristiana y vivieron en una casa muy simple que ellos mismos construyeron. Sin embargo, su corazón y amor por Jesús era contagioso.

Sin embargo, el viaje a Guatemala fue especialmente emocionante. Fue mi primera oportunidad de salir del país y explorar otra parte del mundo. Fui con nuestra iglesia - Betania - y algunas otras iglesias. Algunas iglesias de otros países (por ejemplo, Costa Rica y Colombia) se unieron a nosotros más tarde. Organizamos eventos divertidos en las escuelas, fuera de otros lugares y asistimos a los servicios de la iglesia. Se alentó a todos a compartir dos testimonios: testimonios de salvación y testimonios de aliento acerca de un milagro que Dios había realizado en sus vidas.

En la mayoría de los eventos, nuestro líder organizó concursos de comer comida y beber Pepsi, y dramatizaciones simples del evangelio. A veces, él proveía reuniones nocturnas y nos pedía que invitáramos a la gente de los vecindarios a venir. Docenas aparecieron. Luego, se compartia un mensaje. Fue muy divertido. Por la noche, papá y yo nos alojamos con un carpintero de nuestra iglesia. Más tarde regresó a Guatemala para hacer algunos trabajos de carpintería. La parte más emocionante de la escapada fue visitar la antigua ciudad de Antigua. Este viaje me permitió ver cuán sencillas viven las personas y cuán receptivas pueden ser las personas en las naciones más pobres al evangelio. Después de esta y otras vacaciones misioneras, obtuve una nueva perspectiva para impulsarme hacia mi futuro en el Reino de Dios.

Capitulo 3

Apenas Comenzando

Comencé la universidad en el otoño del 2014. Mi familia y yo acabábamos de asistir a una conferencia familiar en Indianápolis, Indiana. Mientras estuvimos allí, nos enteramos de un programa universitario centrado en Cristo llamado Instituto Verity (ahora Verity College Education). Fueron acreditados a través de la Universidad Estatal Thomas Edison en Nueva Jersey. Verity proviene de la palabra griega, veritas, que significa verdad. El tema de las Escrituras del Instituto era: "Y conoceréis la verdad y la verdad os hará libres" (Juan 1:17). Mi padre se mostró renuente al principio a que mis hermanos y yo nos inscribiéramos en el programa porque parecía demasiado bueno para ser legítimo. Teníamos la opción de completar una licenciatura totalmente acreditada en solo veintiún meses. Después de hablarlo con los maestros y descubrir que muchos estudiantes batallaron, pero aun así completaron sus metas en o cerca de esa cantidad de tiempo, él y mi madre nos inscribieron.

Al principio, no estaba seguro de qué licenciatura obtener. Mi madre dijo: "Deberías obtener un título en historia". Cuando le pregunté por qué, ella dijo, "porque tu puntaje más alto fue en estudios sociales" (en el examen de GED). Luego, ella explicó que el Señor le había dicho que esa era la especialidad para mí. Así que estuve de acuerdo. Empacamos nuestro equipaje, abordamos nuestra camioneta y nos dirigí a un futuro muy incierto. Decidimos ser estudiantes a distancia (estudiando desde casa) para poder quedarnos en casa, realizar proyectos en casa y ahorrar dinero.

La universidad comenzó con los estudiantes conociéndose mejor y familiarizándose con la experiencia universitaria. Luego, los estudiantes a distancia regresaron a casa para completar sus estudios. En la orientación en el campus, batalle considerablemente ya que no era una persona buena para lidiar con otras personas, ni un buen estudiante. Mientras mis hermanos se hacían amigos de otros estudiantes más experimentados y les hacían preguntas, yo solo los escuchaba e hice lo que tenía que hacer. Aunque nos divertimos jugando voleibol y disco volador; la mayor parte de lo que hicimos giró en torno al trabajo escolar, por supuesto. Tuvimos que escribir muchos ensayos y tomar una prueba cronometrada.

Reprobé esa prueba debido a una preparación inadecuada y por nerviosismo. No hice el mejor uso de mi tiempo y no me preocupé por estudiar lo necesario. Mi fracaso trajo una rápida corrección de mi padre, quien nos recogió a mis hermanos y a mí en nuestro camino de regreso a Baton Rouge. Me dijo que debería haber estudiado más, ponerme serio y aplicarme. Mi madre le hizo eco al mismo sentimiento. Uno de mis hermanos incluso mencionó que dudaba de que pudiera pasar las próximas pruebas ya que había fallado la prueba "más fácil". Esto me llenó de tanta determinación que estudié y pasé la siguiente prueba.

Cuando descubrí que tenía que tomar un curso correctivo de escritura además de mis otras clases, me enojé mucho. Tuve la suerte de que solo me estaba preparando para un curso universitario a la vez, pero aun así, estaba fuera de mis casillas. Llamé a mi asesora académica y le pregunté por qué esta clase era un requisito (incluso explicándole que mi puntaje más alto en el ACT fue en la materia de inglés).

Todo fue en vano. Aunque mi asesora sabía que mi puntaje más alto era en la materia de inglés, todavía se nos exigía que escribiéramos ensayos a la escuela explicando nuestras razones para postularnos, y las mías no estaban a la altura. Siempre luché con la escritura y temía a cada papel que tenía que escribir. Solo me habían aceptado en el colegio Verity debido a dos razones. La primera fue la intervención divina de Dios. En segundo lugar, mi madre editó y criticó cuidadosamente mi solicitud.

Clamé a Dios, y a pesar de mi horario loco (estudiando para el curso de escritura correctiva y Humanidades al mismo tiempo), pude aprobar ambas clases. Incluso pude impresionar a mis abuelos y a la tía de mi padre de Ohio, que se estaban quedándose con nosotros en ese momento.

Me estaba volviendo orgulloso de mí mismo, confiado en mis habilidades para pasar pruebas y tener éxito en la vida. Me sentí tan orgulloso que pensé que ni siquiera necesitaba estudiar tanto o esforzarme tanto como lo había hecho. Me sorprendió gratamente cuando descubrí en el año nuevo que también había aprobado la composición universitaria, una prueba de escritura. Mi orgullo se magnificó cuando recibí mi puntaje más alto en el examen de Historia de los Estados Unidos-Parte 1. Como resultado de mi exceso de confianza, el Señor me humilló. La última parte del primer semestre no me fue tan bien. Reprobé dos pruebas, Geografía Cultural Humana y Antropología Cultural. A pesar de eso, esperaba que el futuro fuera más brillante.

Capítulo 4

Cimientos Temblantes

El 2015 comenzó con una nota amarga. Acababa de fallar dos pruebas seguidas. Ni siquiera estudié adecuadamente para el primer examen, y tuve que esperar durante tres meses antes de volver a tomar las pruebas. Durante ese tiempo de espera, comencé a estudiar para otras pruebas, una a la vez. La primera, Historia de Estado Unidos Parte 2, fue una completa decepción para mí. Aquí era un estudiante de historia y fallé una prueba de historia, simplemente porque no hice el mejor uso de mi tiempo y quería ponerme al día con las demás pruebas. Estaba tratando de compararme con los otros estudiantes, para poder ser aceptado por ellos.

La clase de gobierno estadounidense fue un desafío, ya que fue muy detallada. Incluso una de las estudiantes más brillantes de Verity y su hermana menor batallaron con la prueba. Ni ella ni yo disfrutamos de la clase cívica en ese tiempo. Además, el profesor que impartió la clase, y que había visitado la Casa Blanca, dijo que no recibió una puntuación perfecta en la prueba.

A pesar de que no pasé la prueba, Stephen todavía trató de ayudarme a ponerme al día. Ciencias Sociales e Historia fueron las siguientes, un título auto explicativo para un examen que contenía todos los estudios sociales y la Historia Americana y Mundial. Todo fue abrumador para mí, y también lo fallé. Los esfuerzos de Stephen para ayudarme a prepararme fueron en vano. Escribió las definiciones de todas las tarjetas para sus pruebas en un cuaderno, y repasaba la información y me pedía que se la repitiera. Incluso hicimos pruebas de práctica juntos en la misma habitación (sin hacer trampa, por supuesto). Pero todo fue en vano. El ritmo era demasiado rápido para mí y no estaba lo suficientemente motivado. Un lapso de dos semanas no fue tiempo suficiente para comprender el tema.

Tuve una historia de éxito durante este tiempo. Aprobé un curso sustituto de Geografía Cultural Humana, en Antropología Cultural. Eso fue especialmente impresionante teniendo en cuenta que, durante ese tiempo, había muchos factores en mi contra. Me fui de vacaciones con mi familia a una cabaña en Georgia, y mi madre me había fijado la meta de terminar antes de la conferencia familiar que estábamos organizando en marzo. No estaba recitando mis estudios audiblemente a pesar de que era un aprendiz auditivo. Sin embargo, aun así lo logré.

Esa fue una historia de éxito de corta duración que resultó ser una gota en el océano en comparación con las dificultades que se avecinaban y los meses de retrocesos que seguirían. Fracasé tanto en la clase de Gobierno Americano como en Ciencias Sociales e Historia y estaba muy triste. Cuando mi madre me preguntó por qué, le conté en nuestro trampolín cómo acababa de fallar una prueba de historia y parecía estar fallando todas mis pruebas. Ella me preguntó: "¿Cree Dios que eres un fracaso?" Ella continuó diciendome: "Dios no mide el éxito de la manera en que lo hace el hombre. El hombre obtiene su valor de su desempeño, pero Dios quiere que tu valor provenga de Él. Dios es misericordioso. Apóyate en su misericordia. Todo lo que Dios quiere que hagas es lo mejor que puedes hacer. Él se encargará del resto. Está orgulloso de ti. Vas a estar bien".

Mi hermano Stephen me animó a seguir adelante, así que me hizo inscribirme en un curso aún más desafiante, Economía. Al principio, los cursos sustitutos de economía parecían una buena idea. Después de todo, le había dicho a Stephen que batallaba con la economía en la prueba de Ciencias Sociales e Historia. Él dijo: "Imagínate tomar una prueba completa con solo economía". Decidí probar su idea, pero no pareció ayudar nada y empeoró las cosas. ¡Pasaría los próximos dieciséis meses de mi vida en dos temas, *Micro* y *Macroeconomía!*

Cuando mamá finalmente vio a través de la insensatez de nuestro enfoque, dijo: "Te estás preparando para el fracaso". Esto llevó a Stephen a contarme sobre un curso alternativo que podría tomar para la economía. Entonces, comencé a tomar cursos sustitutos de economía a través de Straighterline, la misma organización por la que había pasado Antropología Cultural.

Sin embargo, estaba empezando a perder toda alegría y confianza en mí mismo en este punto. Entonces, cuando mamá me preguntó cómo me iría en una determinada prueba, dije: "Bueno, por supuesto, voy a fallar". En respuesta a eso, mi madre dijo: "No digas eso. Tienes que decir la Palabra".

Capítulo 5

Problemas Y Triunfo

La fecha era Abril del 2015. Mi familia y yo acabábamos de organizar una exitosa conferencia familiar. Acababa de aprobar Antropología Cultural, el sustituto de Straighterline para la Geografía Cultural Humana, y el primer curso en línea en el que tendría éxito. ¿Qué podría derribarme?

Pero cuando empecé con la clase de Microeconomía, la odiaba. Todo lo que podía hacer era leer el libro electrónico y ver una breve explicación del material, pero me distraía fácilmente. Había mucho que estudiar y hacer en solo un mes. Tuve que terminar en un mes para evitar el escandaloso cargo de $99.99 dolares, la tasa de inscripción mensual para Straighterline. Sin embargo, terminé teniendo que pagar esa tarifa varias veces.

Recibí ayuda de mi hermano Stephen, en muchos de los problemas. Su materia favorita hasta el día de hoy son las matemáticas y, al ser un estudiante de negocios, también disfrutaba de la economía. Sin embargo, a menudo había algunos problemas que no me podía resolver. Para combatir mi frustración, consulté un servicio de tutoría llamado Smarthinking (Pensamiento inteligente), proporcionado a través de la computadora.

Sin embargo, los tutores no siempre estaban disponibles para ayudarme y tuve que trabajar en torno a su horario. Me exigieron que resolviera los problemas por mi cuenta y luego se los trajera cuando no pudiera obtener la respuesta correcta. Sin embargo, a veces ni siquiera podía comenzar, y a veces incluso los tutores que supuestamente eran "expertos en la materia" no podían descubrir cómo resolver los problemas. En ese momento, me sentí sin esperanza.

Pensé que era el que había batallado más, más que cualquier estudiante universitario de Verity. Temía cada vez que la gente me preguntaba cómo iba la universidad. Podía hablar de todo lo demás con alegría, pero esa área se me escapaba. Después de fallar muchas pruebas, el Señor me habló: "Te estoy llevando al fin de ti mismo y a la dependencia absoluta y completa de Mí".

Me estaba volviendo cada vez más ocupado a medida que pasaba el tiempo y batallaba por mantenerme al día con las crecientes responsabilidades y sacar adelante mis estudios. Tenía una prueba para cada capítulo que leía tanto de Micro como de Macroeconomía, además de exámenes parciales, exámenes finales, trabajo en la casa y compromisos familiares. No tenía idea de que solo estaba viendo la punta del iceberg del ajetreo.

Mi padre tuvo una reunión con mis hermanos Stephen, Joshua y yo sobre el pago de nuestra matrícula universitaria. Él dijo: "Mamá y yo acordamos pagar el primer año, ahora es su turno de madurar y encontrar un trabajo". Ya había estado buscando trabajo en diferentes tiendas, y mi padre me había instado a no trabajar en un restaurante de comida rápida. Estuve de acuerdo con él, así que solicité ir a una tienda de comestibles local. Batallé con la solicitud y solo la presenté a regañadientes. Más tarde me enteré de que no conseguí el trabajo.

Entonces mi padre me recordó de un puesto de conserje en la escuela preparatoria de Scotlandville, la misma escuela donde enseñaba biología. Fui renuente a ir allí ya que no me gustaba ese tipo de trabajo, pero después de un tiempo presenté una solicitud. Después de todo, el custodio nocturno principal necesitaba ayuda. Le dolía la espalda desde que un piano cayó sobre él mientras lo movía. Tenía un asistente llamado Anthony, pero aún necesitaba más ayuda.

Presenté una solicitud tras otra en línea para el puesto, todo en vano. Estaba a punto de descubrir el poder de las referencias. Mi padre finalmente llamó a la oficina de Aramark en Baton Rouge. Pronto descubrió que se avecinaba una entrevista en la YMCA local y que también podía volver a presentar mi solicitud allí.

Mi papá me llevó al lugar donde contrataban, y entré nerviosamente. Me puse aún más nervioso cuando evalué mis circunstancias. Mi entrevistador, que más tarde se convertiría en el gerente de mi jefe, era un militar. Su sombrero y su computadora eran del ejército de los Estados Unidos. De vez en cuando, sería desplegado en servicio militar. En un momento durante la entrevista, incluso me dijo: "No te pongas nervioso, estás en una entrevista".

Afortunadamente, las cosas salieron mejor de lo que esperaba. Volví a solicitar el trabajo en una computadora de allí y conseguí el trabajo para trabajar en la preparatoria de Scotlandville como conserje. Trabajar de noche no era mi preferencia, pero cuando descubrí que solo podía trabajar por la noche, lo acepté. Mis opciones eran que podía trabajar de 5 a 9 p.m. o de 7 a 11 p.m. Rápidamente rechacé la última opción, ya que saldría muy tarde en un área algo peligrosa, y tenía que levantarme temprano al día siguiente.

Mis entrenadores eran cristianos. Una de las señoras de la clase trabajaba en la misma escuela donde yo lo hacía. Al principio estaba un poco nerviosa y asustada, pero a regañadientes aceptó trabajar conmigo. "Daniel estará contigo, y Jesús también", le aseguró uno de los entrenadores. Curiosamente, uno de mis entrenadores asistía a la misma iglesia que mi familia y yo.

Me fue algo bien en la práctica del entrenamiento y, para sorpresa de los asistentes, logré mucho esa primera noche. Estaba decidido a trabajar de manera inteligente desde el principio y a mantener este nuevo trabajo. Mis dos compañeros de trabajo eran cristianos, y fueron selectivos en su elección de la música que escuchaban y también fueron una bendición para mí.

Aunque comencé a experimentar éxito en mi nueva ocupación, no estaba haciendo ningún progreso notable en mis estudios universitarios. Mis circunstancias en la escuela me llevaron a considerar dejar mi trabajo. Sin embargo, sabía que mi padre quería que continuara. Así que aprendí a perseverar.

Capítulo 6

En Las Sombras

Justo cuando pensaba que las cosas no podían empeorar, me llevé una sorpresa. Mi trabajo comenzó bien con mi primer supervisor. Era un hombre cristiano a quien le caía bien, era paciente y me daba informes útiles sobre mi desempeño. Por otro lado, mi segundo supervisor no era tan indulgente, y tenía otras cosas en mente.

Este supervisor me saludaba calurosamente y me decía qué hacer, luego se daba la vuelta y se enojaba conmigo. Sentí que siempre estaban encontrando fallas en mí. Hice todo lo posible para complacerlo, pero fue en vano. Solo había unas pocas veces que me complementaba.

Sentí que nunca podría hacer las cosas bien en el trabajo. Mi supervisor dijo cosas como "Hombre, te dije dónde estaba eso" o "Le dije eso a Daniel. Eres como mi sobrino. Siempre estás olvidando cosas".

Sentí que cuanto más lo intentaba, menos podía complacerlo. Además de esto, no ganar lo suficiente para mi matrícula universitaria y reprobar los exámenes al mismo tiempo, me dejó desanimado.

Fue entonces cuando algunas personas me animaron a dejar la universidad en línea por completo. Mi profesor de música me dijo: "La universidad no es para todos. ¿Por qué no intentas trabajar en una fábrica? Hay grandes habilidades que aprender, y vale la pena". Otro profesor de música familiar, que por lo general era muy alentador, preguntó: "¿Vas a renunciar?" E incluso mi papá mencionó la posibilidad de que yo fuera al colegio comunitario de Baton Rouge y tomara cursos allí. Dijo que tenían excelentes tutores y entrenadores que podían guiarme a través del proceso. Incluso me recomendó obtener otro título. Además de otros, él y mis abuelos insistieron en que sería mejor si estuviera en un campus universitario en lugar de simplemente hacer aprendizaje remoto en casa.

Mis abuelos dijeron que estaban sorprendidos de que incluso tuviera que tomar economía en la universidad porque ninguno de los dos lo necesitaba para sus títulos. El comentario me sorprendió especialmente cuando vino de mi abuelo, que tenía dos títulos en arquitectura y era un ex profesor de la Universidad de Illinois. Muchos otros deben haberse preguntado si debería de mejor hacer algo diferente.

Me hundí en un desaliento y no sabía qué hacer. Sentí que era el peor fracaso universitario de la historia. Pensé que los únicos que lo hicieron peor que yo fueron los que nunca terminaron. Quería estar solo, lejos de otras personas. Tal vez si estuviera solo, lejos de todas las distracciones y el ajetreo de la vida, podría lograr algo.

Se me pidió que hiciera PACB (Portafolios de Aplicación de Cosmovisión Bíblica), escribiendo tareas basadas en lo que estudié desde una perspectiva bíblica. Había requisitos estrictos impuestos a aquellos de nosotros que los hacíamos. La gramática, la estructura de las oraciones, la elección de palabras y la puntuación tenían que ser aparentemente impecables. No se podía dar una analogía; tenías que escribir un ensayo persuasivo. Ni lo entendí ni lo disfruté. Como teníamos que obtener el 80% en cada uno, a menudo fallaba. Como si eso no fuera suficiente, mi nuevo asesor académico insistió en el límite de tiempo para cuando tenía que presentar mis ensayos.

Tenía una tonelada de matrícula no pagada para mis estándares (alrededor de $4,000 dolares), y Verity congeló el acceso a mis cursos hasta que lo pudiera pagar. Afortunadamente para mí, todavía estaba trabajando en economía a través de Straighterline. Tenía algo que estudiar mientras esperaba que llegara el dinero para volver a inscribirme en el programa. Me tomó tres intentos por curso para aprobar tanto Micro como Macroeconomía. En un intento de animarme, mi papá me hizo escuchar "Decepción, Su Designación"[1] de Phil Keaggy.

"Decepción- Su designación,
Cambia una letra, luego veo
Que la frustración de mi propósito

Es la mejor opción de Dios para mí.
Su designación debe ser una bendición
Aunque puede venir disfrazado
Para el final desde el principio,
Abierto a su sabiduría esta.
Decepción- Su designación
Al que es del Señor que mejor ama.
Me entiende y me conoce plenamente,
A quién pondrá a prueba mi fe y mi amor.
Porque como amoroso, padre terrenal
Él se regocija cuando sabe
Que Su hijo acepta incuestionablemente
Todo eso de Su sabiduría fluye.
Decepción- Su designación
Nada bueno retendrá
De las negaciones que a menudo reunimos
Tesoros de Su riqueza incalculables
Bueno, Él conoce cada propósito roto
Conduce a una confianza más profunda y plena
Y el fin de Sus tratos
Demuestra que nuestro Dios es sabio y justo.
Decepción- Su designacion
Señor, lo tomo entonces como tal,
Como la arcilla en manos de alfarero
Rendirme santo a Tu toque

Todo el plan de mi vida es Tu moldeo

Ni una sola opción sea mía

Permíteme responder sin opinar

Padre no mi voluntad, sino la tuya".

Mi fecha de graduación tanto esperada se acercaba en Mayo. No tenía la mitad de los créditos que necesitaba para terminar a menos que quisiera comenzar con un título de asociado. Incluso para graduarme con un asociado, tenía que tener al menos 60 créditos, y solo tenía 33.

Mi hermano mayor logró obtener 72 créditos al final del semestre. Mi segundo hermano menor Stephen, el que yo veía como el más inteligente, estaba a tiempo para obtener una licenciatura totalmente acreditada.

1. *Decepción, su designación; Artista: Phil Keaggy; Álbum: Love Broke Thru; Lanzamiento: 1977; Sello: Nueva canción*

¡Él nunca reprobó ningún examen en la universidad, disfrutó de cada materia y tuvo una disposición feliz y alegre!

Viajamos a Indianápolis a Verity para la graduación de Stephen. Era una época especial del año. Los padres de mi padre vinieron de Illinois al Instituto que nos entrenó para obtener nuestros títulos de Thomas Edison. Todos estaban felices excepto yo. Quería salir de ahí.

La universidad tenía un escaparate lleno de talento (principalmente musical) de jóvenes de toda la universidad. Para mí, la parte más memorable vino en un discurso del Dr. Guthrie en Verity. Dio un discurso dramático sobre cómo no quería ser elegido para cumplir la voluntad de Dios, sino cómo Dios, en Su amor, lo eligió de todos modos. Mi familia habló con muchas otras familias en todo el Instituto. Todos eran familias cristianas con adultos jóvenes que obtuvieron títulos y estaban listos para graduarse. Joshua y yo éramos los únicos presentes que no eran elegibles para graduarse en ese momento.

Luego llegó el día que los graduados habían estado anticipando. Sin embargo, llegué tarde. Cuando mi familia y mis abuelos me preguntaron por qué sucedió eso, no quise responder. Verity mostró un divertido video promocional y comenzó la ceremonia. Algunos de los graduados y otros leyeron las Escrituras y compartieron mensajes eternos de la Palabra de Dios. Luego, los graduados vinieron uno por uno y se les presentaron sus diplomas. Estaba molesto. "¿Por qué no estaba allí arriba?" Pensé. "Todos los demás ya me han dejado atrás". Puede que no haya estado detrás de todos antes, pero seguramente estaba detrás ahora.

Más tarde hubo una recepción al aire libre. Tuvimos comunión con muchas personas allí, incluido uno de los padres del maestro. Mis abuelos se complacieron en conocer a muchas personas nuevas, incluido al presidente, el Dr. McCray.

Uno de los estudiantes de Verity más exitosos había obtenido más de 30 créditos a través de la inscripción dual incluso antes de comenzar la universidad. Ahora se estaba graduando. Mi mamá me instó a sentarme y hablar con sus padres mientras ella se iba a otro lugar, pero en cambio, me senté allí sin palabras. Una vez, los miré y la madre me dijo "hola", pero inmediatamente me volví a otro lado y no dije nada más. Mi madre se preguntaba por qué no les había dicho nada, pero la respuesta era bastante simple. Estaba total y completamente avergonzado por mi situación, y no quería estar cerca de nadie.

La buena noticia fue que mis luchas casi habían terminado. Estaba a punto de volar de nuevo. Finalmente estaba a punto de vislumbrar la luz al final de un túnel muy largo y oscuro.

Capítulo 7

Peldaños En El Camino Hacia El Éxito

El verano fue una llamada de atención para mí en mi trabajo. Con un nuevo supervisor y sin conocimiento previo de mi parte de cuánto trabajo hacían los custodios en el verano, me esperaba una gran sorpresa. Tuve que aprender a trabajar rápido y duro.

Descubrí que tenía que llegar allí a las 6 a.m. y limpiar a fondo otros edificios y la biblioteca de la escuela tanto como fuera posible. No veía cómo podía seguir el ritmo de todo.

Durante este tiempo, conocí a tres nuevos empleados que acababan de comenzar a trabajar ese verano. Uno de ellos era un exalumno que mi papá solía enseñar. Había batallado en la escuela, pero había perseverado y se convirtió en el primero de su familia en graduarse de la escuela secundaria. Lo animé de cualquier manera posible. Otro compañero de trabajo me caía bien. Él también era un cristiano fuerte, y siempre traía una Biblia al trabajo.

Mi capacidad en mi trabajo fue duramente criticada muchas veces por mis compañeros de trabajo. Una vez uno de ellos me vio trabajando y me dijo: "Parece que no sabes qué hacer. Lo voy a publicar en la puerta". Ella procedió a publicar una lista de mis deberes para cada salón. A veces lloraba y oraba solo donde ninguno de mis compañeros de trabajo podía verme. Mi supervisor dijo que nunca hice nada perjudicial, pero no me complementó, por lo que eso no alivió la situación.

Me caía bien otro compañero de trabajo porque siempre me animaba. El ex alumno de mi padre, que tenía aproximadamente la misma edad que yo, también fue amable en sus comentarios hacia mí. Todos me enseñaban a trabajar rápido y a fondo. Aprendí a trabajar en equipo, no solo como llanero solitario. Esa fue una habilidad esencial que aprendí en lo personal, ya que antes prefería trabajar por mi cuenta.

Mientras tanto, todavía estaba tratando de terminar mis cursos de economía. Todavía estaba fallando en las pruebas de práctica y batallando por obtener respuestas a mis muchas preguntas. Sin embargo, estaba decidido a terminar fuerte. Aprendí a ver mis "fracasos como peldaños en el camino hacia el éxito". Y cada vez, lo hice mejor que antes.

Para mejorar las cosas, Stephen me habló de un ex profesor de economía de Verity que podía responder a mis preguntas sobre el tema. Efectivamente, envié un correo electrónico al Dr. Castelino y rápidamente recibí respuestas. Fue muy complaciente.

El pastor principal de nuestra iglesia le pidió a cada cristiano que orara para asegurarse de que estuvieran en la voluntad de Dios. Cuando mi papá me recordó eso, lo apliqué. Trabajé en la Biblioteca de la escuela medio tiempo en los días escolares y allí, me arrodillé ante el Señor y le pregunté si debía continuar obteniendo un título en historia. Él respondió con un "Sí". Esto se confirmó poderosamente cuando pasé casi todas mis pruebas de historia la primera vez que las tomé. El único en el que fallé, lo retomé y pasé la segunda vez.

Llegué al final de mi largo y oscuro túnel cuando pasé economía en Agosto de 2016. En Septiembre, Dios usó a mi abuela para rescatar a Joshua y a mí pagando nuestra matrícula universitaria. Este milagro había estado nueve meses en la fabricación.

Estábamos muy contentos hasta que descubrimos que Verity acababa de inscribir a un nuevo grupo de estudiantes en su programa y les estaba presentando toda la experiencia del campus. Además, tenían poco personal, lo que significa que todos tenían que realizar múltiples tareas, y no podían atender las necesidades de Joshua y las mías en ese momento.

Eventualmente nos pudieron ayudar y comencé una gran subida de colinas. Dios quería enseñarme que mi identidad no provenía de mi desempeño en el trabajo o la escuela, sino en Cristo. Ya sea que haya tenido éxito o no, recordé que Jesús me ama y que Sus planes para mí son buenos y no para la calamidad. Su sangre me compró del poder de la culpa y la vergüenza.

Comencé a declararle muerte al espíritu de fracaso en mi vida y a proclamar las promesas de Dios. Comencé a decir: "Puedo hacer todas las cosas por medio de Cristo que me fortalece" (Filipenses 4:13). "Soy más que un conquistador por medio de Aquel que me ama" (Romanos 8:37). "Yo soy la cabeza y no la cola. Yo estoy arriba y no abajo" (Deuteronomio 28:13). "Tengo una mente sana. Tengo la mente de Cristo". (1 Corintios 2:16). También tuve que reconocer que fui crucificado con Cristo. Ya no soy yo quien vive, sino Cristo quien vive a través de mí (Gálatas 2:20).

Otra clave de mi éxito vino en forma de un programa de discipulado. Brent, uno de los antiguos alumnos de Verity, nos invitó a Joshua y a mí a participar en un programa bíblico llamado Levántate (Rise-Up). Tanto Joshua como yo dijimos que no sentíamos que tuviéramos tiempo para el programa, el trabajo y los estudios. En ese momento, ambos estábamos trabajando a tiempo parcial además de hacer la universidad en línea. Sin embargo, Brent nos convenció de unirnos y lo hicimos. Teníamos socios en los cuales les podíamos rendir cuentas, uno para cada persona. Analizaríamos lo que habíamos leído en la Palabra de Dios y responderíamos las preguntas de la guía de estudio. Vimos videos introductorios y nos unimos a reuniones grupales en línea en Google Hangouts una vez a la semana. Además de meditar en la Palabra de Dios, aprendimos cómo podría transformar nuestras vidas y las vidas de otras personas. Cambió y me desafió como nunca antes.

En mis estudios, aunque antes temía las pruebas, comencé a esperarlas. Comencé a ir al centro de pruebas con confianza. En lugar de pensar en tomar la prueba yo mismo, me imaginé tomando la prueba con la ayuda de Cristo.

Y cuando retomé las pruebas que había fallado (Historia de los Estados Unidos II, Gobierno de los Estados Unidos, Ciencias Sociales e Historia) comencé a triunfar y aprobarlas todas por segunda vez. Luego comencé a aprobar nuevas pruebas: Psicología Introductoria, Sociología Introductoria y Crecimiento y Desarrollo Humano. Cuando fracasé, no me desanimé tanto como antes. Lo vi solo como un trampolín en el camino hacia el éxito. Mi familia y otras personas a mi alrededor comenzaron a regocijarse cuando escucharon los excelentes informes sobre lo que Dios estaba haciendo en mi vida. Al año siguiente, Dios me dio dos bendiciones más que cambiarían las cosas para mejor.

Capítulo 8

Un Nuevo Jefe Y Un Nuevo Asesor

Alrededor de este tiempo, llego un nuevo jefe. Era un cristiano fiel y era cuidadoso con lo que decía y hacía. También era amigable y trabajador, haciendo los cambios necesarios como custodio principal. El primer año que comencé a trabajar para él, comencé a recibir un aumento salarial anual; y esto me animo mucho.

Uno de mis antiguos compañeros de trabajo también había trabajado para él por un corto tiempo antes de ser trasladada a otra escuela. De hecho, ella había guiado a nuestro jefe en su primer día en el campus. Podía hacerle preguntas y mantener una conversación significativa, y estaba muy agradecida por esto. Cuando le pedí consejos, simplemente me dijo que necesitaba estar dispuesto a seguir adelante con los cambios que mi jefe estaba haciendo.

Me sorprendió cuando uno de mis compañeros de trabajo dijo que Aramark quería que cambiara de ubicación y trabajara en otra escuela. Afortunadamente, como yo no tenía coche, este compañero de trabajo decidió ir allí en mi lugar.

Mejoré en mi trabajo y fui muy respetado por mi jefe y compañeros de trabajo, que habían trabajado años más para Aramark que yo. Me llevé bien con los estudiantes y gané algunos para Cristo. Oré por muchos otros y me esforcé por hacer una diferencia espiritual significativa en sus vidas.

A principios de 2017, también conseguí un nuevo asesor académico en Verity cuyo nombre era Lauren. Además del hecho de que ella también era una estudiante de historia, ella y yo no compartíamos mucho en común. Por lo que yo sabía, ella pasó todas sus pruebas la primera vez, incluso las difíciles. Ella había sido una maestra estudiante, respondiendo preguntas de historia de otros estudiantes en línea.

Ella demostraría ser amable y estricta. Ella me pareció excepcionalmente amigable en nuestras llamadas telefónicas. Como ambos habíamos cursado el mismo grado, ella supo guiarme. Su risa me mantuvo en marcha; sin embargo, ella era más estricta que los asesores anteriores. Por ejemplo, aplicó estrictamente los requisitos de PACB (Portafolios de Aplicación de Cosmovisión Bíblica), la calificación y el límite de tiempo. Ella nos dijo a mis compañeros universitarios y a mí que, si presentábamos una tarea un poco tarde, obtendríamos una reducción de 10 puntos, y si presentábamos una muy tarde, obtendríamos un cero. Obtuve un cero y me mantuvo muy humilde.

Lauren sabía cómo coordinar todo para que los libros llegaran a nuestra casa rápidamente, los ensayos se calificaban semanalmente y las presentaciones fueron mejorado. Ella creó un calendario en línea donde podíamos elegir las veces que podíamos hablar con ella. Ella fue, con mucho, la mejor asesora académica que he tenido, y le dije que sería difícil de reemplazar, justo antes de que terminara su tiempo de asesora.

Continué desempeñándome extraordinariamente bien con la guía de Lauren, pasando la gran mayoría de mis pruebas la primera vez. Ella me felicito constantemente y era muy servicial con los próximos pasos. Uno de los siguientes pasos fue comenzar a tomar cursos oficiales a través de Thomas Edison. El desafío para mí fue trabajar en un curso y una prueba al mismo tiempo.

Más de la mitad de mi licenciatura fue de estudios generales. Eso es lo que dificultó las cosas. Siempre disfruté de las pruebas de historia, pero batallé con la educación general. Me alegré cuando pude hacer más exámenes de historia. El mejor ejemplo de este fenómeno de lucha vino con matemáticas a nivel universitario y biología, los cuales fallé la primera vez. Lauren me animaba a pesar de los fracasos que tuve. También me instó a pasar los dos exámenes la segunda vez, ya que era difícil encontrar sustitutos para ellos. Logré hacer eso con Biología, pero tuve que tomar un curso sustituto para Matemáticas Universitarias a través de study.com.

Comencé los cursos con la Universidad Estatal Thomas Edison, en Septiembre de 2017, y desde el principio, comencé a tener mejores resultados en estas clases. Me gustaban los cursos trimestrales porque podía seguir mi progreso, a diferencia de las pruebas con las que solo tenía una oportunidad, o tendría que volver a tomar todo de nuevo. Tuve excelentes profesores que me ayudaron a tener éxito en mis estudios en línea. Verity me dio un descuento, así que no tuve que pagar el precio total de mis cursos.

Después de mi primer curso, que fue simplemente una introducción a la Universidad Estatal Thomas Edison, tomé el Medio Oriente, un curso emocionante con el profesor Tom Lansford. A través de este curso, obtuve una nueva comprensión de la gente, la religión, las invenciones, la historia y la cultura del Medio Oriente. Aprendí a escribir tareas de escritura detalladas y prepararme para los exámenes sin la ayuda de un maestro. Me fue muy bien en este primer curso de historia.

Capítulo 9

Gran Éxito

Mi siguiente curso fue Métodos Históricos. Al principio, esto parecía desalentador. Por un lado, me estaba preparando para tomar exámenes al mismo tiempo que tomaba estos cursos. Entre estos estaban los exámenes de historia, todas los cuales estaba decidido a aprobar, como la Literatura Americana y la Guerra Civil y la Reconstrucción. Además de eso, no sabía si poseía las habilidades para interpretar la historia correctamente. Conocía los hechos históricos, pero siempre me costó relacionarlos con situaciones de la vida real.

Batalle con la lectura y la escritura, pero mejoraría en ambos con la ayuda de mis profesores y del Señor. Oré: "Señor, mis tiempos están en tus manos, haz conmigo lo que tú quieras. Te entrego estos temas, a tu servicio, tu siervo, Daniel". Empecé a entender cómo escribir en detalle con información persuasiva y comencé a amar y disfrutar de la lectura. Estaba mejorando tanto en el trabajo como en la escuela. Los objetivos principales de mi curso Métodos Históricos fueron aplicar la interpretación histórica a las estrategias de investigación, las prácticas de escritura y el manejo de fuentes primarias y secundarias. Otro fue el análisis de la historiografía (el estudio de la escritura histórica). Aunque parecía desalentador, pude comprenderlo con la bendición de Dios y mi muy amable y servicial profesor universitario.

Escribí sobre la guerra de Vietnam, los juicios de brujas de Salem y una película de Abraham Lincoln. Cuando todo estaba dicho y hecho, ¡obtuve la enorme calificación de 99% en el curso! ¡Mi asesora académica estaba muy contenta y llena de emoción! ¡Fue mi puntaje más alto durante toda mi carrera universitaria!

Mientras tanto, seguí progresando en mis otros estudios. Mi nueva meta era graduarme en 2018 con mi hermano Joshua. Sin embargo, las cosas no funcionaron de la manera que esperaba, ya que algunas de mis pruebas demostraron ser especialmente desafiantes, pero en general mi espiral fue hacia arriba, no hacia abajo.

Mi último curso fue el Capstone de Artes Liberales a través de la Universidad Estatal Thomas Edison. Como su nombre lo indica, era solo para carreras de artes liberales. Este curso me permitió escribir una tesis de licenciatura. No tenía idea de que este sería el curso más desafiante de toda mi carrera universitaria, hasta ahora. (Espero obtener otro título en el futuro). Lauren me había recomendado que fuera a ratemyprofessor.com y verificara lo que los estudiantes habían dicho sobre los profesores allí para el curso. Sin embargo, me encontré con dos problemas. Primero, la universidad no me dejaba comenzar la clase, porque no había terminado el resto de mis materias. Luego, cuando entré, descuidé en ver la calificación del profesor al que elegí, y no tenía ni idea de lo estricto que sería.

Curiosamente, cuando se presentó y enumeró sus títulos, ninguno de ellos estaba en inglés. En cambio, sus títulos fueron en matemáticas y otras disciplinas. Me desafió continuamente, con cada papel. Mi mamá a menudo bromeaba que el profesor estaba tratando de retribuirle a sus propios maestros de inglés por haberle hecho la vida tan difícil en el pasado.

Reprobé el primer capítulo del documento cada vez que los presentaba tenía miedo de enviar otros capítulos. Estaba escribiendo un libro corto con una tabla de contenido. Fui mejorando poco a poco con cada artículo, pasando de "C' s" a "B's", y luego a "A's" en los foros de discusión.

"Causas y efectos de la batalla del Somme", fue mi tema. Esta batalla se libró entre los británicos y los alemanes en la Primera Guerra Mundial. Esto fue antes de que Estados Unidos se uniera al esfuerzo de guerra. Inicialmente, iba a escribir sobre la Segunda Guerra Mundial, pero mi profesor dijo que era demasiado detallado, y que necesitaba reducir mi tema. Quería que comprara libros sobre mi tema, pero yo nunca lo hice. Quería ahorrar dinero, pero tuve que luchar para obtener suficientes fuentes al final. Obtendría la mayor parte de mi conocimiento de otras fuentes. No podría incluir demasiadas citas o citas en el texto.

Al final, necesitaba incluir al menos quince fuentes y hacer mi informe de al menos 25 páginas. Estaba abrumado con lo largo que seria, el número de fuentes y las páginas. Busqué ayuda de mi asesora académica, y ella me envió su informe y el informe de otro estudiante que era un gran escritor. Hojeé ambos papeles y quedé muy impresionado.

Debido a que el curso de escritura fue tan difícil para mí, llamé al profesor muchas veces, y él también me llamó muchas veces. Tuvimos buenas conversaciones que me ayudaron a mejorar dramáticamente en mi escritura. Al principio, pensé que estaba dispuesto a reprobarme, pero me dijo, y parafraseo: "No soy como algunos profesores que están dispuestos a reprobar a sus estudiantes. De hecho, quiero ayudarte a tener éxito, pero quiero desafiarte".

Más tarde descubrí que era un cristiano genuino y que estaba estudiando para convertirse en un ministro ordenado. Al final de todo, dijo que su objetivo era asegurarse de que los estudiantes no solo pasaran la clase, sino que también tuvieran un espíritu de excelencia con su escritura. Cuando dijo que creía que había obtenido eso, me sentí muy aliviado. Durante semanas, me habían dicho que mi manuscrito no estaba a la altura, o que debería considerar una extensión. Finalmente estaba animado.

Tendría que hacer un sacrificio en Junio para asegurarme de que terminaría el curso fuerte con la fecha límite original. Muchos de los miembros de mi familia se iban de vacaciones para asistir a una reunión familiar en Ohio y para ver el Museo del Encuentro y la Creación del Arca con Respuestas en Génesis. Aunque me instaron a unirme a ellos, respetuosamente tuve que declinar para cumplir con la fecha límite.

Mi arduo trabajo finalmente dio sus frutos, y agradecí a mi asesora académica por su ayuda y oré por ella. Le dije que ella era la bola de demolición para el espíritu de la incorrección académica. Ella se río y dijo que estaba comprometida con el éxito estudiantil.

Mientras el resto de la familia disfrutaba de sus vacaciones, presenté con éxito mi trabajo final para ser calificado por mi profesor. ¡Pasé! Estaba eufórico de haber completado esta importante meta. Cuando se lo conté a mis padres y a otros miembros de la familia, ellos también estaban emocionados. Inicialmente pensé que fracasaría el curso, por lo que terminar con un promedio del 83% fue más que increíble. Marcó el exitoso final de un productivo semestre de primavera. ¡Gloria a Dios!

Capítulo 10

Acercándose Al Final

En Junio del 2018, Joshua, mi mamá y yo fuimos a un viaje misionero a Cuba con nuestra iglesia para visitar las iglesias allí, evangelizar y alentar a los cristianos. Vimos sitios emocionantes en el centro de La Habana. Un autobús de 1946 sin ventanas era nuestro medio de transporte. Los coloridos carros Chevrolet y Pontiac estadounidenses de los años 1940 y 50 siendo conducidos por las carreteras, parecía una escena de una película de hace mucho tiempo. Mientras visitábamos el capitolio, tomamos un paseo en carreta y caballo hasta la histórica y conmemorativa estación del cambio de guardia del control inglés al español. El disparo de la bala de cañón sobre la bahía por parte de los soldados británicos con sus uniformes rojos y brechas fue muy impresionante. Hicimos compras de recuerdos para llevar regalos a casa de los artesanos locales. Museos, tiendas y tabernas al aire libre eran lugares comunes de reunión. Sobresaliendo sobre el océano, había un pintoresco restaurante de la década de 1940 con grandes ventanales donde Ernest Hemingway escribió "El viejo y el mar".

Sin embargo, hubo recordatorios frecuentes de que no estábamos en un país libre. Los funcionarios eran fríos, duros y no muy personal llamaron a nuestro líder, el pastor James y a algunos de nuestro equipo para interrogarlos cuando llegamos al aeropuerto. Fotos y estatuas de Fidel Castro, el exdictador comunista, se alineaban en las carreteras y esquinas de las calles de Cuba. Los edificios de la iglesia eran simplemente extensiones de las casas de las personas, porque el gobierno comunista no permitirá edificios grandes y separados para los servicios.

El cristianismo todavía estaba prohibido en Cuba y los informantes del gobierno estaban estacionados en las esquinas de las calles. Cuando se enteraron de que íbamos a bautizar a nuevos creyentes en el océano, se nos prohibió usar esa playa, así que fuimos alrededor de la isla a otra playa para bautizar. A los cubanos no se les permite hablar con ciudadanos estadounidenses en la calle. Nuestro autobús fue detenido una vez para ser interrogado por un funcionario. Muchos pastores tenían miedo de ser capturados y encarcelados. La pobreza era grande con casas en ruinas, ropa vieja hecha harapos y calles destrozadas. La gente allí ganaba solo $ 25 por mes.

A pesar de esto, la mayor parte de nuestro viaje se sintió como unas vacaciones emocionantes. Comimos comidas cubanas auténticas en una iglesia local que visitamos. Disfrutamos de los servicios de adoración y los mensajes allí y tuvimos fiestas bíblicas para niños durante el día. En otras iglesias, los veinticinco de nosotros en el viaje misionero tuvimos la oportunidad de compartir testimonios de cómo el Señor nos salvó, sanó y libró. El pastor James entregó los mensajes principales e interpretó nuestro testimonio. Muchas de las personas a las que ministramos parecían oprimidas y necesitaban liberación. Los líderes y ministros eran los más amigables que había visto. Toda la experiencia fue tan impactante y maravillosa al ver salvaciones y curaciones.

Curiosamente, en el momento del viaje misionero a Cuba, estaba estudiando la Historia de la Unión Soviética. Este curso extremadamente atractivo preparo el camino para que yo entendiera mejor el comunismo. Después de llegar a casa, vi videos intrigantes que Verity proporcionó explicando la historia de la Unión Soviética. Compartí lo que estaba aprendiendo con mi familia. Afortunadamente, aprobé este curso la primera vez que lo tomé.

Justo antes de tomar el examen, Joshua y yo tuvimos una maravillosa celebración de graduación en nuestra casa. Llegaron unas 40 personas. Estaba preocupado por cómo iría todo el asunto ya que batalle con la bronquitis ese mismo día. Pero clamé al Señor y pude pronunciar un discurso conmovedor. Los invitados estaban profundamente conmovidos y Dios se movío poderosamente en medio de nosotros. Tocamos "Tu Hiciste un Camino (You Made a Way)" de Travis Green en el bajo y la guitarra. Entonces, la gente oraba y profetizaba sobre nosotros. Algunas de las profecías se destacaron por encima del resto para mí. Un hombre en la audiencia confirmó que escribiría varios libros. El Señor ya me había dicho que hiciera esto. Otro hombre confirmó que tengo un don profético del Señor. La gente disfrutó viniendo y la pasamos muy bien.

Luego, era tiempo de regreso a los negocios. Inicialmente, estaba estudiando matemáticas y el Capstone de Artes Liberales al mismo tiempo. Llegué a un punto en el que no podía seguir el ritmo de estos dos arduos temas. Entonces, con el consejo de mi profesor final, dejé de estudiar para la clase de matemáticas hasta que terminé de escribir. Finalmente, cuando tomé matemáticas, finalmente aprobé con el 70%, después de haberlo fallado dos veces. Me sentí muy aliviado de finalmente haber terminado con eso.

Todavía me quedaban otras asignaturas en mi carrera y mi asesor académico me dio la opción de tomar una prueba de tres créditos o un curso de tres créditos. Ella dijo que el curso era su favorito de todos los cursos de su título, así que decidí tomar ese curso.

El tema fue conflictos mundiales desde 1900. Los miembros de mi familia se sorprendieron al escuchar ese título, ya que ya había tomado varias pruebas sobre conflictos bélicos. Curiosamente, sin embargo, este curso estaba menos basado en hechos y más basado en habilidades. Aprendí las causas y los efectos de las guerras, además de las formas de prevenirlas.

Afortunadamente, mi asesor académico enseñó el curso e hizo videos que pude ver. Sin embargo, debido a mi trabajo de conserje y mis compromisos por las noches, no estudié tanto como me hubiera gustado. Por ejemplo, dos noches antes de mi examen, mi familia y yo asistimos a un evento donde una organización política cristiana honró a los legisladores que defendían los valores bíblicos. Luego, la noche antes del examen, fui a una fiesta de reunión de viaje a Cuba. Traté de reprogramar mi prueba el día antes de tomarla, pero no tuve éxito. Estaba nervioso y no me sentía listo para ello. Esperé hasta las 3:00 p.m. de ese sábado para tomarlo. Pero por la gracia de Dios, pasé con una "C". ¡Gloria a Dios!

Luego llegó el momento de las asignaturas opcionales. Estas fueron un poco más que un desafío. Hubo tres cursos de negocios, uno de los cuales aprobé la primera vez. Llevé a los otros dos a través de study.com. Estas fueron solo algunas de las muchas pruebas de negocios que tomé a lo largo de mi carrera.

Originalmente, esperaba terminar mi carrera en Diciembre de 2018, pero debido a la mala preparación del examen, eso tendría que retrasarse hasta el nuevo año. Sin embargo, estaba terminando mis estudios. Estaba a punto de completar mi título universitario, una hazaña que habría sido impensable solo dos años antes.

Capítulo 11

¡Diploma!

Comencé el mes de enero de 2019 con un poco de decepción. Mi mamá y yo esperábamos haber terminado completamente con todas las pruebas para mi título en diciembre de 2018, pero no administré mi tiempo de estudio lo suficientemente sabiamente para terminar dentro de ese límite de tiempo. Todavía me quedaba una prueba, Ética Empresarial y Sociedad.

Mi asesor académico me había advertido sobre esto. Ella dijo que era significativamente más difícil que Ética en Estados Unidos, una prueba de ética que había tomado anteriormente. Mi mamá y mi papá querían que lo reprogramara para la última fecha posible en enero, cuando mi centro de exámenes, Colegio Universitario de Baton Rouge, tuviera exámenes. Desafortunadamente, no presté atención al consejo de nadie. Supongo que dejé de esperar. Publiqué a mis amigos de Facebook que iba a hacer la prueba ese mismo día.

Fui y lo tomé con cierta decepción. Realmente no pensé que estuviese listo, y es cierto, no estaba listo y no pasé esta prueba. Mi papá dijo que hubiera sido mucho mejor ir al centro de pruebas con la confianza de que no solo aprobaría, sino que haría un excelente trabajo. Mi familia esperaba que pasara la primera vez, pero no funcionó. Estaba cansado y triste por lo que había sucedido.

Sin embargo, con la ayuda de mi nuevo asesor, decidí tomar el curso equivalente en study.com. Mi plan era un poco ambicioso. Tomé ese examen el 10 de enero, pero quería terminar la universidad a fin de mes. Rara vez había tomado un curso de término tan rápido, pero estaba decidido. Por primera vez que pude recordar en todo mi programa de licenciatura, me adelanté a mi agenda.

Aprecié el enfoque del curso sobre study.com. El sitio tenía videos para cada concepto en los capítulos. Los expertos explicaron todo cuidadosamente con escenarios de la vida real.

Terminé con entusiasmo mi prueba a fines de Enero y recibí mi puntaje a principios de Febrero. ¡Pasé la primera vez! Ahora por fin había terminado, algo que parecía imposible solo tres años antes. Había fracasado doce pruebas en total y tuve que tomar siete cursos de sustitución. Ahora, todo eso había terminado. En la Biblia, siete es el número de perfección y doce representa las doce tribus de Israel, los doce discípulos de Jesús y los doce tipos de fruto que lleva el árbol de la vida en el libro de Apocalipsis. Como dice en Proverbios, "Aunque un hombre justo cae siete veces, siete se levantara" (Prov. 24:16).

Originalmente, esperaba recibir mi diploma en Abril de 2019, pero como no terminé hasta finales de Enero, tendría que esperar hasta mediados de año para obtenerlo. Por último, en junio, mi sueño se hizo realidad. Cuando obtuve mi diploma de la Universidad Estatal Thomas Edison, ¡salté para arriba y para abajo y grité! Le dije a mi familia de antemano que ni siquiera me reconocerían porque estaría demasiado emocionado. Eso fue una exageración, pero no por mucho.

Lo que más me emocionó no fue que terminé la universidad, sino los puntajes que recibí. ¡Mi promedio general de calificaciones fue de 3.57! Me quedé asombrado. Pensé que solo las personas inteligentes obtenían una puntuación tan alta en la universidad. Eventualmente llegué al punto en que me di cuenta de que todos con la ayuda de Dios, pueden lograr grandes cosas en la vida.

Mi universidad quedó tan impresionada con mi progreso que me ofrecieron una beca para obtener otro título. Lo rechacé; sin embargo, decidí obtener mi segundo título a través de una universidad cristiana.

Comencé a trabajar a tiempo completo en mi trabajo de conserje durante el verano. Sin embargo, en mis descansos laborales, busqué un trabajo como para-profesional (ayudante de maestro). Durante el verano, hicimos nuestra limpieza a fondo de la escuela secundaria donde trabajábamos. Tuve que tomar un descanso para almorzar donde pude leer un libro, pensar, orar y reflexionar.

Mientras trataba de encontrar el trabajo de ayudante de maestro, descubrí que ayudaría si conociera a alguien para encontrar un trabajo en nuestro sistema escolar. Afortunadamente, mi papá y yo conocíamos a un exmaestro en la misma escuela donde enseñaba. Ella pudo guiarme a través del proceso de encontrar la escuela adecuada y solicitar el trabajo.

Había mucho papeleo que completar y mi madre y otros allí me ayudaron a guiarme a través del proceso. Cometí el error de esperar hasta el último día para inscribirme justo antes de que comenzara el año escolar 2019-2020, pero al menos me colé. El director de mi nueva escuela, la escuela primaria Jefferson Terrace, ni siquiera recordaba que me había inscrito para trabajar allí. Aunque una señora del sistema escolar le había enviado un mensaje, lo olvidó. Me sorprendió un poco, pero traje mi carta de acceso y pude comenzar con la orientación y el trabajo en la escuela.

A el tiempo que escribo esto, trabajo como para-profesional de Educación Especial con estudiantes en situación severa y difícil. No pueden hablar ni hacer trabajo regular, y algunos tienen problemas para caminar. Otros para-profesionales y yo los alimentamos, cambiamos y cuidamos. Aunque es un desafío trabajar con ellos, he comenzado a disfrutarlo hasta el punto de que pienso en ellos constantemente, incluso ahora que escribo. He aprendido a ser firme, pero cariñoso. También copio tareas para los estudiantes, enseño la clase cuando me necesitan y más. Estoy muy agradecido por este trabajo, por un cheque de pago más alto, y que ya no soy conserje (a pesar de que todavía hago ese trabajo en nuestra aula).

Capítulo 12

Lecciones Que He Aprendido Y Metas Que Ganaré

Estoy asombrado y admirado por lo que he podido lograr en los últimos años en mis estudios, ministerios y trabajo. Aun así, hay muchas cosas en mi vida que no habría podido lograr sin la poderosa mano de Dios obrando en mi vida. Sólo a Él sea toda la gloria, el honor y la alabanza.

Aprendí mucho de mi experiencia universitaria. La siguiente es una lista de lecciones que he aprendido y metas que planeo ganar en el futuro con la ayuda de Dios. Llamaré a estas claves de la victoria, y pueden ayudarte a ti o a cualquier persona en cualquier área de su vida:

1. Confía En Dios-

Tómate el tiempo para tener un tiempo tranquilo sin prisas con el Señor todos los días. Ora, medita y cree en

Sus promesas. No importa cuán estresante o difícil sea la prueba, debes aprender a perseverar y superar los desafíos. Una forma importante de hacerlo es reclamando las promesas confiables de la Biblia. Una vez más, estoy hablando de promesas como "Puedo hacer todo por medio de Aquel (Cristo) que me da las fuerza" (Filipenses 4:13). "Soy más que un conquistador por medio de Aquel que me ama" (Romanos 8:37). "Yo soy la cabeza y no la cola. Yo estoy arriba y no abajo" (Deuteronomio 28:13). *"Prestare y no pediré prestado".* (Deuteronomio 15:6).

Nunca olvides que "la fe es para el corazón lo que la esperanza es para la mente" (Levántate). El Señor me habló recientemente diciendo: "Incluso cuando fallaste una prueba, yo estaba allí contigo. Cuando pasaste una prueba, yo estaba allí contigo. Nunca te dejaré ni te abandonaré".

2. ¡Cree Por Cosas Más Grandes! -

Como dice una canción: "Incluso cuando no lo veo, estás trabajando. Incluso cuando no lo siento, estás trabajando. Nunca te detienes; nunca dejas de trabajar". [2] Una de mis canciones favoritas contiene estas palabras: "A través de ti puedo hacer cualquier cosa; Puedo hacer todas las cosas. Estoy viviendo por fe. Nada es imposible. A través de ti se abren los ojos ciegos, se rompen las fortalezas. Estoy viviendo por fe. Nada es imposible". [3] Dios estará contigo en las buenas y en las malas y en el fuego y el viento. Dijo que nunca nos dejaría ni nos abandonaría. Y debes creer que, a pesar de tus circunstancias, Dios intervendrá sobrenaturalmente a tu favor. Como dice en el Salmo 34:19, "Un hombre justo puede tener muchos problemas, pero el Señor lo libra de todos ellos".

2. Creador de caminos; Artista original: Osinachi "Sinach" Okoro; Álbum original: Way Maker; Lanzamiento: 2016; Etiqueta: Slic Inspire; Artista de la portada: Leeland; Álbum de portada: Better Word; Portada lanzada: 2019; Sello de portada: Integrity Music

3. Nada es imposible; Artista: Planetshakers; Artista destacado: Israel Houghton; Álbum: Beautiful Saviour; Lanzamiento: 2008; Sello: Venture3 Media

3. Clama Por La Intervención Divina-

Al principio de mi viaje universitario, comencé a clamar al Señor por su intervención divina. Luego me metí en el orgullo y la autosuficiencia, pero el Señor me humilló y me llevó a una dependencia absoluta y completa de Él. Jesús, del mismo modo, ofreció muchos gritos fervientes al Padre para salvarlo y ayudarlo. A menudo oraba por una intervención sobrenatural, y sé que Dios me escuchó y me respondió muchas veces, incluso cuando no tomé una prueba de práctica antes de la prueba real.

4. ¡Ten, Amigos o Familiares Cristianos Que Te Anime y Motiven! -

Mi mamá era mi mejor animadora. Mi papá fue mi mayor motivador. Cuando fallaba una prueba, mi madre a veces decía: "Lamento que hayas fallado en tu prueba; eso me hace aún más querido por ti". Por otro lado, mi papá decía: "Hijo, pon tu nariz en la piedra de moler. Deja de poner excusas y haz que funcione. Voy a estar fuera por un tiempo, y cuando regrese quiero escuchar que lograste mucho en tus estudios".

Una señora de la iglesia que ni siquiera me conocía me animó diciendo: "El Señor me dijo que tu nombre es Daniel, y debes afirmar que serás brillante como Daniel y sus amigos". Del mismo modo, debes tener amigos cristianos en tu vida para animarte a medida que cumples tu destino dado por Dios.

5. Entrega Tus Derechos Al Señor-

Muchas veces, me sentía tan agobiado por el tiempo que no veía cómo podía asumir una oportunidad de ministerio o servir a mi familia. A veces, mi agenda era tan apretada que ni siquiera veía cómo podía parar a cenar con mi familia a la mesa.

No veía cómo podía permitirme dedicar más tiempo a practicar música, especialmente cuando comencé a aprender el violonchelo en 2016. Ya estaba tocando el bajo y otro instrumento, parecía una carga mayor. Aprendí a ser flexible en este momento y a entregar mis derechos al Señor. Aprendí que, si el Señor me llamaba a gastar y hacer algún sacrificio, él más que supliría mis necesidades. Dios me dijo que pasara tiempo de calidad con mi hermano menor, Jonathan, que fuera un miembro amoroso de mi familia y que continuara ministrando a los demás. Cuando di mi tiempo para hacer la obra del Señor, pude lograr todo lo que necesitaba hacer.

Dios no me salvó, no me sanó ni me libró para que yo desperdiciara mi existencia durante mi estadía aquí en la tierra. No terminé la universidad en vano; tampoco tengo la intención de vivir una vida aburrida, mediocre y sin incidentes. Planeo vivir todo para la gloria de Dios y avanzar Su Reino a lo largo y ancho de cualquier manera que pueda con Su ayuda divina.

Tengo algunas metas que quiero lograr a medida que avance hacia el futuro. Como dije antes, ya soy un ayudante de maestro. Actualmente, estoy estudiando para convertirme en maestro de escuela primaria. Curiosamente, esa es una de las áreas donde hay una gran necesidad en el Sistema Escolar del este de Baton Rouge.

Tengo planes para reformar la educación. Planeo asociarme con otros educadores para destruir y reemplazar el actual plan de estudios con un plan de estudios más práctico y moral adaptada a las necesidades de los estudiantes individualmente. También quiero promover la libertad religiosa en nuestras escuelas al permitir y alentar a los estudiantes a leer textos sagrados y orar durante el recreo y otros períodos no educativos.

Quiero que puedan organizar grupos de oración y expresar sus creencias religiosas en sus asignaciones. Estas acciones ya han sido declaradas legales bajo la ley federal, pero quiero ayudar a asegurarme de que estas libertades estén garantizadas. Quiero enseñar la verdad sobre la historia y los estudios sociales en general, y no estar obligado a enseñar desde un solo libro o plan de estudios en particular. Quiero asociarme con Renewanation (echa un vistazo a renewanation.org) para promover una cosmovisión bíblica. Quiero cambiar la educación de adentro hacia afuera para alinearla lo más estrechamente posible con la Palabra de Dios. Sé que puedo enfrentar oposición por estos esfuerzos y necesitaré el apoyo de educadores y organizaciones cristianas en todos los ámbitos, pero sé que Dios tiene el control.

También quiero postularme para un cargo público. Deseo defender y alentar leyes y políticas piadosas en nuestro gobierno estatal. Tuve la suerte de que de marzo a Mayo de 2019, pude trabajar con un senador estatal en el Capitolio del Estado de Luisiana.

Estoy dispuesto a soportar cualquier carga y someterme a cualquier costo para completar el curso que Dios ha establecido para mí. Cuando vea a Cristo, quiero poder decir: "He peleado la buena batalla, he terminado la carrera, he guardado la fe, y ahora hay reservada para mí la corona de justicia, que el Señor, el Juez justo, me otorgará en ese día, y no solo a mí, sino también, a todos los que han anhelado Su aparición (2 Tim. 4:8-9).

Quiero escuchar al Señor decir: "¡Bien hecho, siervo bueno y fiel! Has sido fiel con algunas cosas; Te pondré a cargo de muchas cosas. ¡Ven y comparte la felicidad de tu Maestro!" (Mateo 25:21).

Que Dios los bendiga y "que tengan una historia que valga la pena contar" (Caballero del Camino Espléndido).

www.ingramcontent.com/pod-product-compliance
Lightning Source LLC
La Vergne TN
LVHW010453160826
845677LV00012B/2472

* 9 7 9 8 8 4 2 8 7 1 7 7 3 *